U0922148

轻文艺
手账本

人生若只如初见

纳兰容若

图书在版编目（CIP）数据

纳兰容若：人生若只如初见 / 纳兰容若著. -- 北京：五洲传播出版社，2018.1（2023.9 重印）

ISBN 978-7-5085-3852-5

Ⅰ. ①纳… Ⅱ. ①纳… Ⅲ. ①纳兰性德（1655-1685）-传记②纳兰性德（1655-1685）-词（文学）-诗歌欣赏 Ⅳ. ①K825.6 ②I207.23

中国版本图书馆 CIP 数据核字 (2017) 第 265018 号

纳兰容若：人生若只如初见

作　　者　纳兰容若
出 版 人　关　宏
责任编辑　梁　媛
封面设计　tinkle
制　　版　北京紫航文化艺术有限公司

出版发行　五洲传播出版社
地　　址　北京市海淀区北三环中路 31 号生产力大楼 B 座 6 层
邮　　编　100088
发行电话　010-82005927，010-82007837
网　　址　http://www.cicc.org.cn，http://www.thatsbooks.com
印　　刷　深圳市国际彩印有限公司
版　　次　2023 年 9 月第 1 版第 5 次印刷
开　　本　889mm × 1194mm　1/32
印　　张　6
字　　数　20 千
定　　价　49.00 元

中国自古是一个“诗歌的国度”

每个年代都留下了意蕴悠远、传诵至今的诗篇

诗词之美已将汉语升华到至美至纯的境界

《最美古诗词》轻文艺手账本

愿使执本之人与古人隔世相遇

凭一首诗词，半幅古画

一起感受春雨夏花、秋果冬雪

记录下属于自己的四时之美与人生离合

当你爱上诗歌

你会爱上这个世界

春望

夏至

秋与

冬深

春望

甲申三月少梅陳雲彰

画堂春·一生一代一双人

一生一代一双人，争教两处销魂。
相思相望不相亲，天为谁春。
浆向蓝桥易乞，药成碧海难奔。
若容相访饮牛津，相对忘贫。

臣鄒一桂恭繪

采桑子·桃花羞作无情死

桃花羞作无情死，感激东风，
吹落娇红，
飞入窗间伴懊侬。
谁怜辛苦东阳瘦，
也为春慵，
不及芙蓉，
一片幽情冷处浓。

河传·春浅

春浅，红怨。
掩双环，微雨花间。
画闲，无言暗将红泪弹。
阑珊，香销轻梦还。
斜倚画屏思往事。
皆不是，空作相思字。
忆当时，垂柳丝。
花枝，满庭蝴蝶儿。

菩萨蛮·为春憔悴留春住

为春憔悴留春住，那禁半霎催归雨。
深巷卖樱桃，雨余红更娇。
黄昏清泪阁，忍便花飘泊。
消得一声莺，东风三月情。

酒泉子·谢却荼蘼

谢却荼蘼，
一片月明如水。
篆香消，尤未睡，早鸦啼。
嫩寒无赖罗衣薄，
休傍阑干角。
最愁人，
灯欲落，
雁还飞。

正德二年夏四月畫
晋昌唐寅

采桑子·明月多情应笑我

明月多情应笑我，
笑我如今，
孤负春心，
独自闲行独自吟。
近来怕说当时事，
结编兰襟。
月浅灯深，
梦里云归何处寻？

采桑子·而今才道当时错

而今才道当时错，
心绪凄迷，
红泪偷垂，
满眼春风百事非。
情知此后来无计，
强说欢期，
一别如斯，
落尽梨花月又西。

相见欢·落花如梦凄迷

落花如梦凄迷，
麝烟微，
又是夕阳潜下小楼西。
愁无限，消瘦尽，有谁知？
闲教玉笼鹦鹉念郎诗。

鬓云松令·枕函香

枕函香，花径漏。
依约相逢，絮语黄昏后。
时节薄寒人病酒，铲地梨花，
彻夜东风瘦。
掩银屏，垂翠袖。
何处吹箫，脉脉情微逗。
肠断月明红豆蔻，
月似当时，人似当时否？

又到绿杨曾折处，
不语垂鞭，踏遍清秋路。
衰草连天无意绪，
雁声远向萧关去。
不恨天涯行役苦，
只恨西风，吹梦成今古。
明日客程还几许，
沾衣况是新寒雨。

蝶恋花·又到绿杨曾折处

点绛唇·小院新凉

小院新凉，晚来顿觉罗衫薄。
不成孤酌，形影空酬酢。
萧寺怜君，别绪应萧索。
西风恶，夕阳吹角，一阵槐花落。

烟暖雨初收，
落尽繁花小院幽。
摘得一双红豆子，
低头，
说著分携泪暗流。
人去似春休，
卮酒曾将酹石尤。
别自有人桃叶渡，
扁舟，
一种烟波各自愁。

南乡子·烟暖雨初收

蝶恋花·眼底风光留不住

眼底风光留不住，
和暖和香，又上雕鞍去。
欲倩烟丝遮别路，垂杨那是相思树。
惆怅玉颜成间阻，
何事东风，不作繁华主。
断带依然留乞句，斑骓一系无寻处。

菩萨蛮·隔花才歇帘纤雨

隔花才歇帘纤雨，
一声弹指浑无语。
梁燕自双归，长条脉脉垂。
小屏山色远，妆薄铅华浅。
独自立瑶阶，透寒金缕鞋。

卜算子·新柳

娇软不胜垂，瘦怯那禁舞。
多事年年二月风，翦出鹅黄缕。
一种可怜生，落日和烟雨。
苏小门前长短条，即渐迷行处。

虞美人·春情只到梨花薄

春情只到梨花薄，片片催零落。
夕阳何事近黄昏，
不道人间犹有未招魂。
银笺别梦当时句，密绾同心苣。
为伊判作梦中人，
索向画图清夜唤真真。

朝中措·蜀弦秦柱不关情

蜀弦秦柱不关情，尽日掩云屏。
已惜轻翎退粉，更嫌弱絮为萍。
东风多事，余寒吹散，烘暖微醒。
看尽一帘红雨，为谁亲系花铃？

古吴女史范氏雪仪写

如梦令·正是辘轳金井

正是辘轳金井，满砌落花红冷。
蓦地一相逢，心事眼波难定。
谁省，谁省。
从此簟纹灯影。

烟轻雨小，望里青难了。
一缕断虹垂树杪，又是乱山残照。
凭高目断征途，暮云千里平芜。
日夜河流东下，锦书应托双鱼。

清平乐·烟轻雨小

菩萨蛮·问君何事轻离别

问君何事轻离别，一年能几团圞月。
杨柳乍如丝，故园春尽时。
春归归不得，两桨松花隔。
旧事逐寒朝，啼鹃恨未消。

夏至

嘉慶御覽之寶

谢家庭院残更立，燕宿雕梁。
月度银墙，不辨花丛那瓣香。
此情已自成追忆，零落鸳鸯。
雨歇微凉，十一年前梦一场。

采桑子·谢家庭院残更立

落花时·夕阳谁唤下楼梯

夕阳谁唤下楼梯，一握香荑。
回头忍笑阶前立，总无语，也依依。
笺书直恁无凭据，休说相思。
劝伊好向红窗醉，须莫及，落花时。

浣溪沙·十里湖光载酒游

十里湖光载酒游，
青帘低映白苹洲。
西风听彻采菱讴。
沙岸有时双袖拥，
画船何处一竿收。
归来无语晚妆楼。

虞美人·曲阑深处重相见

曲阑深处重相见，匀泪偎人颤。
凄凉别后两应同，
最是不胜清怨月明中。
半生已分孤眠过，山枕檀痕涴。
忆来何事最销魂，
第一折技花样画罗裙。

临江仙·昨夜个人曾有约

昨夜个人曾有约，严城玉漏三更。
一钩新月几疏星。
夜阑犹未寝，人静鼠窥灯。
原是瞿唐风间阻，错教人恨无情。
小阑干外寂无声。
几回肠断处，风动护花铃。

减字木兰花·烛花摇影

烛花摇影，冷透疏衾刚欲醒。
待不思量，不许孤眠不断肠。
茫茫碧落，天上人间情一诺。
银汉难通，稳耐风波愿始从。

采桑子·彤霞久绝飞琼字

彤霞久绝飞琼字，人在谁边。
人在谁边，今夜玉清眠不眠。
香销被冷残灯灭，静数秋天。
静数秋天，又误心期到下弦。

点绛唇·一种蛾眉

一种蛾眉，下弦不似初弦好。
庚郎未老，何事伤心早？
素壁斜辉，竹影横窗扫。
空房悄，乌啼欲晓，又下西楼了。

虞美人·残灯风灭炉烟冷

残灯风灭炉烟冷，相伴唯孤影。
判叫狼藉醉清樽，为问世间醒眼是何人。
难逢易散花间酒，饮罢空搔首。
闲愁总付醉来眠，只恐醒时依旧到樽前。

庚子桂月寫
延州內史

摊破浣溪沙·风絮飘残已化萍

风絮飘残已化萍，泥莲刚倩藕丝萦。
珍重别拈香一瓣，记前生。
人到情多情转薄，而今真个悔多情。
又到断肠回首处，泪偷零。

于中好·七月初四夜风雨

尘满疏帘素带飘，真成暗度可怜宵。
几回偷拭青衫泪，忽傍犀奁见翠翘。
惟有恨，转无聊。五更依旧落花朝。
衰杨叶尽丝难尽，冷雨凄风打画桥。

金人捧露盘·净业寺观莲，有怀荪友

藕风轻，莲露冷，断虹收，正红窗、初上帘钩。
田田翠盖，趁斜阳鱼浪香浮。
此时画阁垂杨岸，睡起梳头。
旧游踪，招提路，重到处，满离忧。
想芙蓉湖上悠悠。
红衣狼藉，卧看桃叶送兰舟。
午风吹断江南梦，梦里菱讴。

秋与

木兰词·拟古决绝词柬友

人生若只如初见，何事秋风悲画扇。
等闲变却故人心，却道故人心易变。
骊山语罢清宵半，泪雨零铃终不怨。
何如薄幸锦衣郎，比翼连枝当日愿。

相见欢·微云一抹遥峰

微云一抹遥峰，冷溶溶，
恰与个人清晓画眉同。
红蜡泪，青绫被，水沉浓，
却与黄茅野店听西风。

金缕曲·疏影临书卷

疏影临书卷。
带霜华、高高下下，粉脂都遣。
别是幽情嫌妩媚，红烛啼痕休泫。
趁皓月、光浮冰茧。
恰与花神供写照，任泼来、淡墨无深浅。
持素障，夜中展。
残釭掩过看逾显。
相对处、芙蓉玉绽，鹤翎银扁。
但得白衣时慰藉，一任浮云苍犬。
尘土隔、软红偷免。
帘幙西风人不寐，恁清光、肯惜鹴裘典。
休便把，落英翦。

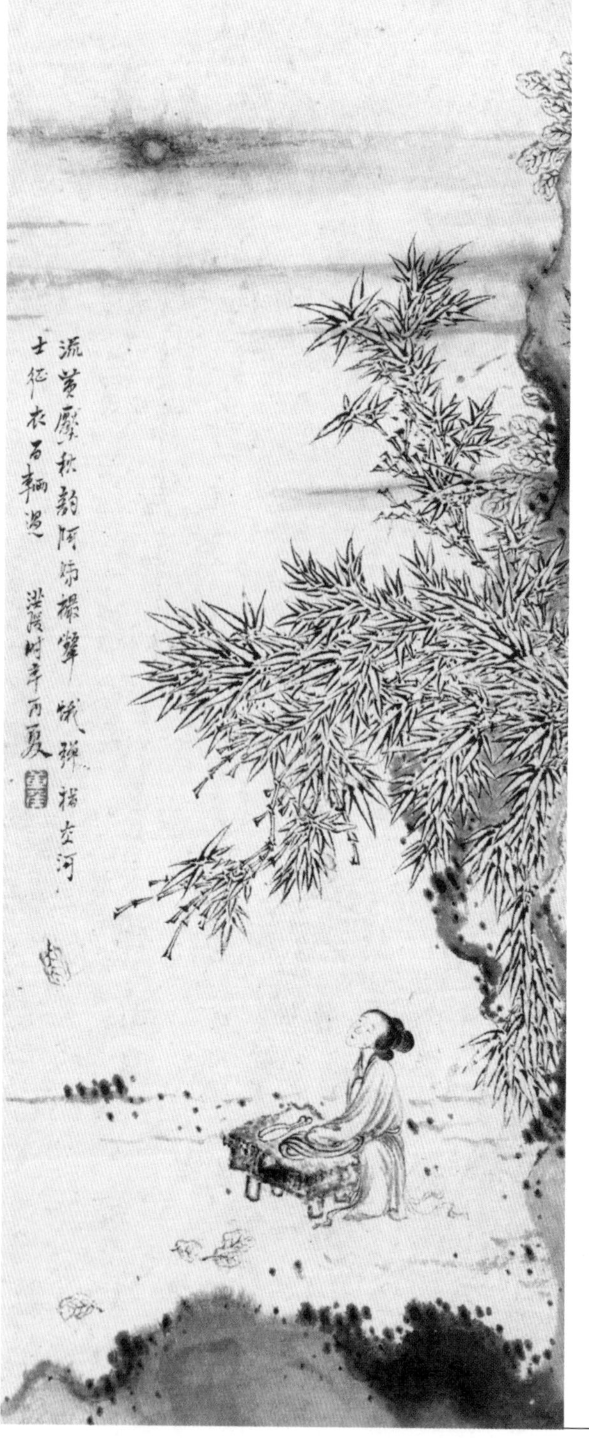

清平乐·将愁不去

将愁不去，秋色行难住。

六曲屏山深院宇，日日风风雨雨。

雨晴篱菊初香，人言此日重阳。

回首凉云暮叶，黄昏无限思量。

菩萨蛮·黄云紫塞三千里

黄云紫塞三千里，女墙西畔啼乌起。
落日万山寒，萧萧猎马还。
笳声听不得，入夜空城黑。
秋梦不归家，残灯落碎花。

清平乐·忆梁汾

才听夜雨，便觉秋如许。
绕砌蛩螿人不语，有梦转愁无据。
乱山千叠横江，忆君游倦何方。
知否小窗红烛，照人此夜凄凉。

沁园春·丁巳重阳前三日

瞬息浮生，薄命如斯，低徊怎忘。
记绣榻闲时，并吹红雨；
雕阑曲处，同倚斜阳。
梦好难留，诗残莫续，赢得更深哭一场。
遗容在，只灵飙一转，未许端详。
重寻碧落茫茫。料短发、朝来定有霜。
便人间天上，尘缘未断，
春花秋叶，触绪还伤。
欲结绸缪，翻惊摇落，减尽荀衣昨日香。
真无奈，倩声声檐雨，谱出回肠。

于中好·谁道阴山行路难

谁道阴山行路难。风毛雨血万人欢。
松梢露点沾鹰绁，芦叶溪深没马鞍。
依树歇，映林看。黄羊高宴簇金盘。
萧萧一夕霜风紧，却拥貂裘怨早寒。

欲寄愁心朔雁边，
西风浊酒惨离颜。
黄花时节碧云天。
古戍烽烟迷斥堠，
夕阳村落解鞍鞯。
不知征战几人还。

虞美人·秋夕信步

愁痕满地无人省，露湿琅玕影。
闲阶小立倍荒凉。
还剩旧时月色在潇湘。
薄情转是多情累，曲曲柔肠碎。
红笺向壁字模糊，忆共灯前呵手为伊书。

减字木兰花·相逢不语

相逢不语，一朵芙蓉著秋雨。
小晕红潮，斜溜鬟心只凤翘。
待将低唤，直为凝情恐人见。
欲诉幽怀，转过回栏叩玉钗。

郭熙畫法譎宕奇逸每以山谷
真雲攝入囊中徐放之以作
其飄緲之象為山形故爾境
奇妙下筆靈變無方蓋得
之于造化者深矣南平
南田戲橅

如梦令·木叶纷纷归路

木叶纷纷归路，残月晓风何处。
消息半浮沉，今夜相思几许。
秋雨，秋雨，一半西风吹去。

菩萨蛮·萧萧几叶风兼雨

萧萧几叶风兼雨，离人偏识长更苦。
欹枕数秋天，蟾蜍下早弦。
夜寒惊被薄，泪与灯花落。
无处不伤心，轻尘在玉琴。

琵琶仙·中秋

碧海年年，试问取、冰轮为谁圆缺？
吹到一片秋香，清辉了如雪。
愁中看好天良夜，知道尽成悲咽。
只影而今，那堪重对，旧时明月。
花径里、戏捉迷藏，曾惹下萧萧井梧叶。
记否轻纨小扇，又几番凉热。
只落得、填膺百感，总茫茫、不关离别。
一任紫玉无情，夜寒吹裂。

冬深

采桑子·非关癖爱轻模样

非关癖爱轻模样，冷处偏佳。
别有根芽，不是人间富贵花。
谢娘别后谁能惜，飘泊天涯。
寒月悲笳，万里西风瀚海沙。

萬曆庚戌春日寫
長洲朱竺

新来好，
唱得虎头词。
一片冷香惟有梦，
十分清瘦更无诗。
标格早梅知。

长相思·山一程

山一程，水一程，
身向榆关那畔行，
夜深千帐灯。
风一更，雪一更，
聒碎乡心梦不成，
故园无此声。

浣溪沙·残雪凝辉冷画屏

残雪凝辉冷画屏，
落梅横笛已三更。
更无人处月胧明。
我是人间惆怅客，
知君何事泪纵横。
断肠声里忆平生。

菩萨蛮·朔风吹散三更雪

朔风吹散三更雪，倩魂犹恋桃花月。
梦好莫催醒，由他好处行。
无端听画角，枕畔红冰薄。
塞马一声嘶，残星拂大旗。

满庭芳·堠雪翻鸦

堠雪翻鸦，河冰跃马，惊风吹度龙堆。
阴磷夜泣，此景总堪悲。
待向中宵起舞，无人处、那有村鸡。
只应是，金笳暗拍，一样泪沾衣。
须知今古事，棋枰胜负，翻覆如斯。
叹纷纷蛮触，回首成非。
剩得几行青史，斜阳下、断碣残碑。
年华共，混同江水，流去几时回。

临江仙·寒柳

飞絮飞花何处是，层冰积雪摧残，
疏疏一树五更寒。
爱他明月好，憔悴也相关。
最是繁丝摇落后，转教人忆春山。
湔裙梦断续应难。
西风多少恨，吹不散眉弯。

梦江南·昏鸦尽

昏鸦尽，小立恨因谁
急雪乍翻香阁絮，
轻风吹到胆瓶梅，
心字已成灰。

妙在相參而無礙如
程李用兵寬嚴異
路然李将軍何難
于刁斗程不識不妨
于野戰擬議神明
無取定法也
昔人論李成董宗伯造
化筆意在掃千
里于咫尺寫萬趣于指
下思清筆老古無其
人
南田壽平

点绛唇·黄花城早望

五夜光寒，照来积雪平于栈。
西风何限，自起披衣看。
对此茫茫，不觉成长叹。
何时旦，晓星欲散，飞起平沙雁。